AF397545

FSC
www.fsc.org
MIX
Paperi vastuul -
lisista lähteistä
Paper from
responsible sources
FSC® C105338

Kustantaja: BoD - Books on Demand,

Helsinki, Suomi

Valmistaja: BoD - Books on Demand,

Norderstedt, Saksa

ISBN: 978-952-80-6655-2

NIRVANA

RUNOJA

Trilogian kolmas osa

Vanhemmilleni

PYHYYS

Koivujen humina
laineiden liplatus
ennen torkahtamista
erotan vielä
suolan tuoksun.

Myrsky
kallio kaatuu mereen
proomun musta kylki
läikkyy rantaan
naftan tuoksuinen
sorsapoikue.

SATORI

Kallionhalkeama
työntää esiin
villivadelmaa
auringon väreet
meren turkissa
alkaa lämmetä
kesäksi
karikoiden sihahtelevat kiukaat.

Pakkanen
jääkiekkokaukalon keltainen valo
takertuu kolkkoihin koivuihin
lapsia huudellaan turhaan kotiin
potkukelkkojen jäljet jatkuvat
iltaan asti.

Lätäköt peilaavat
violettia jäätä
nuotiolla kahvi
höyrystyy
märkien polttopuiden sihinä

poksahtelevat makkarat
uni ropisee silmäkulmiin.

Sade vihmoo
peltikatolle kaadetaan
nonparelleja
nokkospuskien pistävä tuoksu
pisarat sieppaavat
ikkunoihin tarrautuneet
hyttyset.

Kesäkuinen sini
leijuu usvana pelloilla
Vesimittari ojentelee
raajojaan
peilityyni lampi kaikuu
särkyy pyörteiksi.

Kiuruveden kaatopaikan yllä
varikset löytävät nirvanansa.

Pommitetun kerrostalon raunioista
pilkistävät ruumiit
ympärillään surisevat jälleensyntymät
sorakuoppaan paiskattu
Buddha.

Väsynyt autolauma parkkipaikalla
avaimen kääntyessä virtalukossa
kaikki alkaa alusta.

Syyskuun
pimenevissä illoissa
moottoritiet metsästävät
citykaneja.

Tuuli ryntää
Buddha-patsaan avoimeen suuhun
sen unisiin silmiin
sukeltavat Silkkiuikut

Hengittämisen tärkeys.

Kasvoni veden pinnassa

Jumalan kuvaksi luotu:
uponneet hylyt
merimiinat
pudonneet satelliitit.

Merellä tuulee
myös sunnuntaisin

Hetken maisema

on katsottavissa.

Samoillessaan tulee
osaksi metsää

-Ehkä Pajulintu.

Naava pesii puissa
pyrähtää lentoon
hetken voi kuulla

hiljaisuuden soivan.

Lopulta männyt valtaavat
Wall Streetin

27

nukahtanut vaikutelma.

Mehiläisten vähyys
saa surulliseksi
Karma on paljailla
jaloilla kulkeva
niitty.

Sudenkorennot järven yllä
sininen yö
voikukan haituvat
leijailevat unesta
uneen.

Ajatus jälleensyntymästä:
Että nostaisi märältä
asvaltilta kastemadon
nurmikolle turvaan

Mutta voisiko lintu

olla nälkäinen Buddha?

Hiljaisuus antaa äänen niille
näkymättömille asioille
jotka tekevät eniten kipeää.

Tyhjä on täysi
tai ei ole
mahdotonta
mahdollista
kuten rakkaus olematta
on.

Kauniina voisi pitää
sellaista
jota emme pysty
ilmaisemaan
kuten partituuriin
merkattu tyhjä hyppy
tai sitä mikä siinä
jää tapahtumatta

tapahtuu.

Vasta hiljaisuudessa
jokin on meille läsnä
lohtuna se mitä emme
tunne.

Runoutta:

Aplodit yhdellä kädellä

vaatimus

ettei aurinko laske

kuulu joukkoomme.

Linja-auto:

Tyhjät penkit
matkustavat täytenä

tie vie kaikkialle

vaikka sitä ei aiota

rakentaa

Zen.

Tappiosta huolimatta

Nuwaksen juomalaulut
kaikuvat Bagdadilaisessa

salakapakassa.

Öisin ei ole kiire
katselen ikkunasta
ja tupakoin

nostan vanhat runoilijat
haudoista.

ZENILÄISET JA DHARMAPUMMIT

Öisillä kaduilla
Rap-musiikki tekee
luodeille tilaa

Se mikä on

on mahdotonta.

Enää ei olla
tarpeeksi lähekkäin
rakkauslaulut toistu
eikä vapaus haise samalta
kitaratkaan.

Koulun pihalla
viritetyt mopot
pitävät lähiön
asukkaat hereillä
dronet paikallistavat
maahan putoavia
Otavan palasia.

Eron jälkeen kesä on eri

sitä odottaa

näkevänsä

näkymättömän

samassa paikassa.

Munkki Roshibobo ei valaistunut

luostarissa

hän koki sen

Punaisten

lyhtyjen kadulla

saadessaan ensimmäisen

orgasminsa

muutti

tehdyn tekemättömäksi.

Usein

Kahdeksanvuotias minäni

käskee tehdä asian

toisin:

lähteä kanssaan

fantasiamaailmaan

jossa Potter ja Bilbo

odottavat

erikoista taikuria

häntä joka syö

nukkuu ja ulostaa.

Talossa asuu uusi perhe:

Meidän varjot

komerossa.

Aurinko hitsaa

päiväkodin porttia

piha on tyhjä

yhä kaikuvat huudot

ja itku

ja se pyörätuolissa

istuva

kävelee heti kun

suljen silmäni.

Bruno K Öijerille

Sumun takaa nousee

muisto

aurinko putoaa

navetan taakse

me etsimme sitä

korkeasta heinikosta

pennejä irtokarkkeja varten

huoltoaseman flipperiin.

KARMA

Puu pyyhkäisi linnut

kädellään torin halki

meri nousi kaduille

merimiesten lippu

jossa runo lepatti

tunteet juoksivat

vapaina

ikuisuuskysymykset

eivät ole ratkaisemista

varten

vaan me säilytämme niiden

ansiosta elämää kohtaan

mielenkiintomme

palon

jolla huijaamme

itseämme

Kaikki on tässä nyt.

Metsästäjät joivat kaatoryyppyjä

kertoivat ylpeinä miten

tähtäävät aina itseään kohti.

Hautausmaalla

vanhemmat hiljentyivät

hautakivien edessä

rukoilivat tai muistivat

vainajat eloon

itseään todemmat

varjottomat

joilta toivottiin

vastauksia elämästä

kuoleman jälkeen

kaiken tarkoituksettomuudesta

joka on kaiken tarkoitus

että on jokin muu

jonka koetamme selittää

sillä

ettei sitä ole

sillä tavalla olemassa

kuin se on.

Jokainen päivä alkoi hitaammin

eivätkä pilvet tahtoneet ottaa

minkäänlaista muotoa

Kiusallista se mitä emme

voi nimetä

tunnistaa.

Se mitä unessa

tapahtui

oli todellisempaa

kuin yksikään elämä

jota se korvaa.

Sinä loittonit

lopulta sadepisara ikkunassa

riitti peittämään

sinut näkyvistä

tai jokin muu

alkoi muodostua

katsottavaksi.

Pihlajiin oli

tarttunut eilinen humala

punaviinin väri

alakuloiselle taivaan purppuralle

aamu

yö

me siinä välissä

Haudalle jää ikävöimään

vain toinen meistä.

Tyhjä valkoinen paperi

ota minut vakavasti.

Kauan sitten unilelu repesi

huolimatta äidin ompeleesta

minusta ei tullut

ehjää keski-ikäistä.

Kalan tuikki

tervatun veneen tuoksu

Virta ei pysähdy miettimään.

Kyläkaupan oven kilahdus
asiakkaan astuessa sisään

ulos

Om mani padme hum.